인생의 아름다운 시기에 맞닿은

_____ 님께 드립니다.

Meditate on the Psalms

시니어,
시편을 기억하다 3

Meditate on the Psalms

왕 되신 주를
노래하다
107편 ~ 150편

국제제자훈련원

시편, 하나님의 통치를 기대하는
영적 거장들의 고백

시편은 다윗을 비롯한 시대의 영적 거장들이 세월의 풍파를 견뎌내면서 느꼈던 하나님에 관한 고백을 찬양한 노래 모음집입니다. 물론 시편에 담긴 사상과 원저자는 하나님이십니다. 그런데 하나님께서는 개개의 시편 저자들을 통해 하나님의 통치를 기대하는 고백을 하게 하셨고, 이들의 이런 마음이 함께 모여 하나의 노래 모음집을 이루게 되었습니다. 시편 150편 중 100편 정도의 저자는 누구인지 알지만(다윗 73편, 아삽 12편, 고라 자손 10편, 솔로몬 2편, 모세 1편, 헤만 1편 등) 나머지 50편 정도는 저자를 알 수 없으며, 그중에서도 몇 편 정도는 다윗 저작이 많을 것으로 추정합니다.

주제

저자들이 공통으로 다룬 시편의 주제를 살펴보면, 하나님께 대한 경배와 감사가 예배를 통해 드러나야 한다는 것입니다. 특히 시편의 서론이라 불리는 1편과 2편에서는 이 부분이 더욱 선명하게 드러납니다. 시편 1편에서 '복 있는 사람이라면 여호와의 율법을 즐거워하여, 주야로 묵상한다'고 되어 있는데, 이 부분은 개인이 하나님의 말씀을 대하는 태도에 관한 내용입니다. 시편 2편은 개인뿐 아니라 군왕들, 재판관들을 등장시키면서 공동체가 여호와께 경외해야 한다는 사실을 보입니다. 이처럼 개인과 공동체가 하나님의 말씀을 연구하고, 함께 하나님과 그의 아들인 메시아를 경배해야 한다는 사실은 시편 묵상에 있어서 가장 중요한 주제입니다.

장르

시편의 장르는 다섯 가지 정도로 구별할 수 있습니다. 고난 속에서도 하나님께서 구원해 주셨음을 드러내며 신뢰와 확신으로 마무리하는 '탄식시'(개인, 공동체), 구원해 주신 것에 대한 감사를 표현하는 '감사시'(개인, 공동체), 하나님을 높이는 '찬양시'와 함께 시편 전체의 흐름을 이해하는 데 중요한 '지혜시'와 '제왕시'로 구별됩니다. 지혜시는 보통 '율법시', '토라시'라고도 부르며 '여호와 경외', '지혜', '지식', '명철', '훈계', '교훈'에 관한 내용을 담습니다. 제왕시는 다윗 언약과 관련 있는 시로, 다윗의 후손인 메시아에 집중하면서 언약 사상에 관한 내용이 드러납니다. 이처럼 '제왕시'와 '지혜시'라는 뼈대를 중심으로 다른 시들도 함께 본다면, 시편 전체를 이해하는 데 큰 도움이 될 것입니다.

표제

시편을 이해하기 위해서는 문학 장르와 연주방식을 구분하는 표제에 대해서도 알아야 합니다. 표제는 시의 제목이 아니라 시의 특징을 설명하는 것으로 이해해야 합니다. 시편 150편 가운데 116개의 시에 표제가 있는데, 시편의 표제는 다음과 같이 구분됩니다. 첫째, 저자와 역사적 배경에 따라 표현하는 표제입니다. 예로 '다윗의 시', '다윗이 그의 아들 압살롬을 피할 때 지은 시'처럼 저자가 누구이고, 어떤 내용인지를 알 수 있게 하는 표제입니다. 둘째, 장르를 구분하는 표제입니다. '시'(pslam; 미즈모르)는 시편에서 가장 많은 부분을 차지합니다. '노래'(song; 쉬르)는 반주없이 아카펠라 형태로 부르며 '마스길'은 교훈시, '믹담'은 격언 또는 금언으로 알려져 있습니다. '식가욘'은 시편 7편에서 유일하게 등장하는데, 특정한 악기와 관련된 음악 용어입니다. 셋째, 음악 지시용 표제가 있습니다. '인도자'라는 용어는 음악 감독 혹은 지휘자로 해석되며, '셀라'는 찬양대에게 지시하는 부분으로 쉰다든지 소리를 높인다든지 하는 인도자의 지시어에 해당합니다. 이외에도 다양한 음악 지시용 표제는 개별 시가 가진 특징을 이해하기 위한 장치로 사용됩니다.

시편은 모두 5권으로 나뉘어 있고, 각 권은 하나님을 찬양하는 송영으로 구성돼 있습니다. 시편이 마지막 형태에서 5권으로 구성된 것은 모세 오경의 영향을 받았다고 생각됩니다. 그렇다면 각 권의 주요 특징과 내용에 대해 살펴봅시다.

고난 당하는 자가 부르짖는 기도 (1권: 1~41편)

시편 1~2편은 시편의 서론으로, 1편에서는 율법을 주야로 묵상하는 사람이 복 있는 사람이요, 의인이라고 하면서 시편 전체의 포문을 엽니다. 2편에서는 왕권에 대한 시편 전체의 사상이 들어가 있는데, 진정한 왕은 하나님의 아들이며, 다윗 왕권과 다윗 언약에 대한 시인의 생각이 들어가 있습니다. 이처럼 1권의 특징은 '다윗'이라는 한 개인을 통해 하나님을 믿는 성도의 신앙생활을 살펴볼 수 있다는 점입니다. 1, 2, 33편을 제외한 모든 시는 다윗의 시로, 다윗과 같은 영적 거장도 하나님 앞에서 아무것도 아님을 고백하는 내용으로 구성됩니다. 다윗은 고난 속에 처한 자신의 모습을 묵상하고, 하나님께 회개하며 탄원해 도우심을 확신한다는 내용을 노래했습니다. 그러므로 1권을 묵상하는 성도라면 하나님 앞에서 자신의 존재가 어떠한지를 정확히 깨달아야 함을 알게 됩니다. 바로 인간이 어떤 존재인지를 깨달아야 한다는 것으로, 인간 자신의 연약함과 대비해 하나님의 위대하심이 온전히 드러나게 된다는 내용이 1권에 들어가 있습니다.

역사 속에서 일하시는 하나님 (2권: 42~72편)

2권의 특징은 고난에서 건지셔서 왕을 통한 대리 통치로 열방을 다스리시는 하나님에 관한 내용이 나온다는 사실입니다. 먼저 고라 시(42~49편)를 통해 다윗의 언약이 강조되는데, 하나님께서 이스라엘을 회복하실 것이며 온 이스라엘의 찬송을 받으실 것이란 내용이 언급됩니다. 아삽의 시(50편)에서는 성전 자체보다는 이스라엘의 역사 속에 일하신 하나님이 등장하는데, 지혜를 강조하면서 감사로 제사를 드리는 자가 구원을 볼 것임이 드러납니다. 후

반부에 등장하는 다윗의 시(51~65편) 중 51편에서는 '밧세바를 범한 다윗의 회개기도', 52~59편에서는 '다윗이 사울에게 핍박을 받고 유랑할 때'와 연관된 내용, 60편에서는 '다윗이 왕이 된 후 요단 동편에서 승리를 얻은 때'와 관련된 내용이 기술됩니다. 61~68편까지는 '시온과 성전', '다윗 왕권'과 같은 하나님께서 열방의 왕이 되셔서 통치하심에 대한 고백이 드러나는 장면입니다. 69편에서는 종말론적 심판이 저주를 통해 드러나고 70~71편에서는 다윗의 후대가 강조되며, 마지막 72편을 통해 다윗의 후손이 건설하는 하나님 나라에 대한 이야기와 함께 다윗 왕권은 영원할 것임에 대한 내용이 기술됩니다.

다윗 언약은 실패한 것입니까? (3권: 73~89편)

3권의 특징은 세상에서 악인은 번성하고 의인은 고난을 받는데, '과연 다윗 언약은 실패한 것입니까?'로 정리할 수 있습니다. 이 같은 문제 제기는 아삽의 시(73~83편)를 통해서도 잘 드러납니다. 아삽의 시에서 주로 등장하는 '주의 대적'은 주의 이름을 능욕하는 자들로, 그들이 언제까지 비방하고 능욕하겠느냐는 것이 시인의 질문입니다. 마치 주의 인자하심이 끝난 것처럼 보이지만 악인의 형통이 끝난 것이며, 여호와라는 이름만이 온 천하 만방에 드러나게 된다는 것이 아삽의 시를 통해 표현됩니다.

고라 자손의 시(84, 85, 87, 88편)와 다윗의 기도(86편), 에단의 마스길(89편)을 통해서도 악한 세상에서 의인으로 살아가는 자의 노래가 기록돼 있습니다. 여기서도 다윗 왕조의 위기와 다윗 언약의 실패 문제가 언급됩니다. 하지만 궁극적으로는 하나님께서 원수를 갚으실 것에 대한 확신이 있으며, 약속을 성취하실 것이라는 믿음이 드러나는 대목입니다.

이처럼 시편 3권을 통해 알 수 있는 것은 '그리스도의 십자가'가 무엇이냐는 부분입니다. 예수님께서 십자가에 죽으심으로 말미암아 겉으로는 언약이 실패하는 것처럼 보일지는 모르나, 십자가에 대한 참 의미를 아는 자에게는 이것이 실패가 아니라는 사실을 잘 알 것입니다. 그러므로 3권을 묵상하면서 기억해야 할 것은 의인이 고통받는 상황은 실패가 아니라, 희망과 소망을 부르짖기 위해 지나가는 과정이라는 사실입니다.

하나님의 통치는 반드시 회복된다 (4권: 90~106편)

4권의 특징은 구원 역사를 근거하여 언약의 신실성을 하나님께서 지켜 가신다는 것입니다. 이것은 4권의 첫 번째 시인 시편 90편을 통해 잘 드러납니다. 시편 90편은 '모세의 기도'로, 모세는 다윗 왕가보다도 더 오래된 영적 권위를 가진 사람입니다. 이는 다윗 언약보다 앞서 있었던 모세와의 언약을 통해서도 하나님의 통치는 영원할 수밖에 없다는 사실을 보여주기 위함입니다. 이후 91~92편에서는 지존자이신 하나님, 93편에서는 다스리시는 하나님, 94편에서는 복수하시는 하나님, 95편과 100편에서는 우리의 하나님, 96~97편에서는 위대하시고 다스리시는 하나님, 98편에서는 구원자이시며 심판자이신 하나님, 99편에서는 왕과 제사장을 세우시는 하나님으로, 하나님의 왕권에 관한 내용이 각각의 말로 수식되고 있음을 알게 됩니다. 이 주제는 시편 103~106편에서도 동일하게 다뤄지는데, 하나님께서 자기 백성을 왕정 이전부터 통치하셨다는 내용이 드러납니다. 이처럼 시인은 하나님의 통치는 반드시 회복되며, 결코 다윗 언약도 실패하지 않는다는 내용을 4권을 통해 제시합니다.

또한 이것은 예수님 안에서 살아가는 자들이 고난을 통해 성숙해지는 성화의 과정으로도 이해될 수 있을 것입니다. 3권에서 다윗 언약은 마치 실패되는 것처럼 보였지만, 4권 이후에서 등장하는 하나님의 통치를 보며 반드시 회복된다는 믿음 속에서 더욱 성숙해짐을 묵상하게 되는 대목입니다.

할렐루야, 하나님의 통치를 찬양하라 (5권: 107~150편)

5권의 특징은 하나님의 통치를 통한 다윗 언약의 회복이 강조되며, 이것은 다윗 왕권을 넘어 여호와 왕권으로 확장된다는 점입니다. 시편 107편은 5권의 서론으로 하나님의 인자하심에 대한 찬양으로 구성됩니다. 결국 하나님께서는 기도에 응답하시는 분으로, 인생의 참 의미는 하나님의 인자하심을 깨닫는 데서부터 출발함을 깨닫게 하는 시입니다. 시편 110편은 신약에서 가장 많이 인용된 시편 중 하나로, 다윗 왕권의 회복을 노래하는 시로써 결국에는 예수 그리스도로 인해 하나님의 통치가 완성된다는 의미를 갖고 있습니다. 시편 121~134편은 '성전에 올라가는 노래'로 순례자들을 위한 노래 또는 성전에서 예배드리기 위해 준비한 노래로 보입니다. 결국 어떤 어려움 가운데서도 하나님께서 베푸실 도움을 바라보며 성전 회복에 대한 감사의 가사로 구성돼 있습니다. 시편 135~145편은 하나님께서 악인을 치시고 자기 백성을 구원할 것이라는 내용으로 구성돼 있으며, 시편 146~150편까지는 시편 전체의 송영이자 결론부로 하나님께 대한 무조건적 찬양으로 마무리됩니다.

이처럼 5권을 통해 알 수 있는 신학적 메시지는 예수님께서는 '왕'이신 '하나님'이시며, 그 예수님이 '다윗의 자손'을 통해 오셨다는 것입니다. 또한 다윗을 넘어 '왕'으로서 '종'이 되어 언약을 성취하실 것이라는 내용이 담겨 있습니다. 그리고 오늘을 살아가는 모든 성도가 이 사실을 함께 불러야 한다는 것입니다.

시편은 이 땅을 살아가는 성도들에게 희망과 소망을 불러일으키는 노래 모음집입니다. 비록 세상을 살면서 악인이 승리하는 것처럼 보일 때가 있습니다. 그럼에도 불구하고 성도로서 소망이 있는 이유는 예수 그리스도께서 이모든 언약을 성취하실 것이고, 완성하실 것이기 때문입니다. 비록 나 자신은 오늘도 공사장에 굴러다니는 버린 돌과 같아 보일지 모르지만, 주님께서 우리를 하나님 나라의 모퉁이 돌로 삼으시고, 귀하게 사용하실 것입니다. 그러므로 하나님의 백성으로 선택받은 우리 모두는 영적 거장들의 고백을 통해 알게 된 시편을 매일 묵상하고 필사하며, 하나님의 통치를 매일 기대하면서 살아야 합니다. 오늘 하루도 하나님께서 주시는 시편의 말씀을 곱씹으면서, 하나님의 통치를 온전히 기대하며 살아가길 기도합니다.

조철민 목사(국제제자훈련원 총무, 〈날마다솟는샘물〉 디렉터)

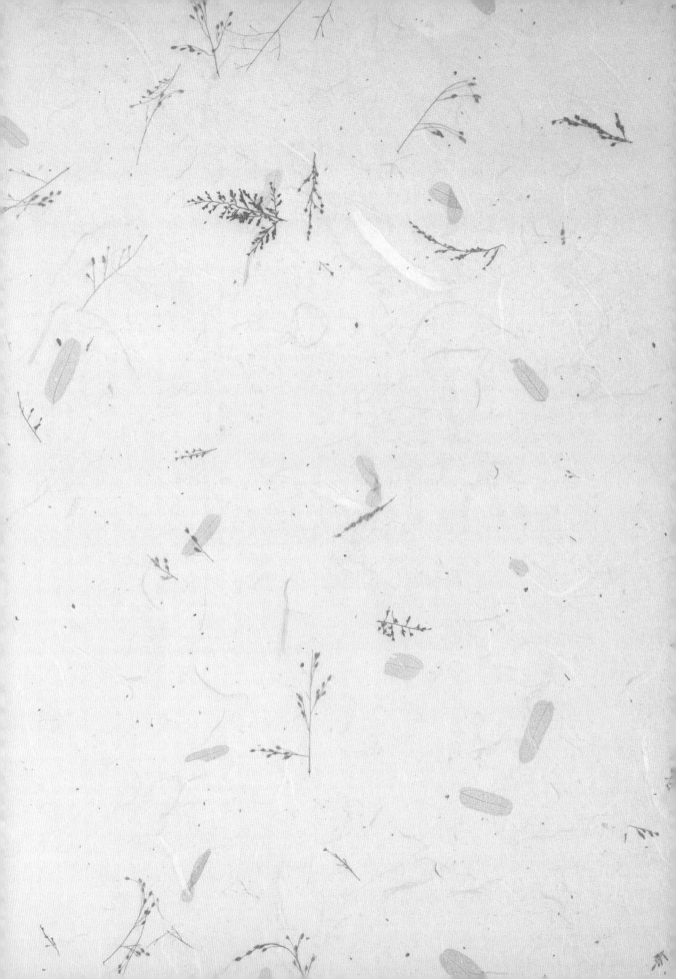

제오권

제 1 0 7 편

1 여호와께 감사하라 그는 선하
시며 그 인자하심이 영원함이로
다

2 여호와의 속량을 받은 자들은
이같이 말할지어다 여호와께서
대적의 손에서 그들을 속량하사

3 동서 남북 각 지방에서부터
모으셨도다

4 그들이 광야 사막 길에서 방
황하며 거주할 성읍을 찾지 못
하고

5 주리고 목이 말라 그들의 영
혼이 그들 안에서 피곤하였도다

6 이에 그들이 근심 중에 여호
와께 부르짖으매 그들의 고통에
서 건지시고

7 또 바른 길로 인도하사 거주
할 성읍에 이르게 하셨도다

8 여호와의 인자하심과 인생에게
행하신 기적으로 말미암아 그를
찬송할지로다

9 그가 사모하는 영혼에게 만족
을 주시며 주린 영혼에게 좋은
것으로 채워주심이로다

10 사람이 흑암과 사망의 그늘에
앉으며 곤고와 쇠사슬에 매임은

11 하나님의 말씀을 거역하며 지
존자의 뜻을 멸시함이라

12 그러므로 그가 고통을 주어
그들의 마음을 겸손하게 하셨으
니 그들이 엎드러져도 돕는 자
가 없었도다

13 이에 그들이 그 환난 중에
여호와께 부르짖으매 그들의 고
통에서 구원하시되

14 흑암과 사망의 그늘에서 인도
하여 내시고 그들의 얽어 맨
줄을 끊으셨도다

15 여호와의 인자하심과 인생에게 행하신 기적으로 말미암아 그를 찬송할지로다

16 그가 놋문을 깨뜨리시며 쇠빗장을 꺾으셨음이로다

17 미련한 자들은 그들의 죄악의 길을 따르고 그들의 악을 범하기 때문에 고난을 받아

18 그들은 그들의 모든 음식물을 싫어하게 되어 사망의 문에 이르렀도다

19 이에 그들이 그들의 고통 때문에 여호와께 부르짖으매 그가 그들의 고통에서 그들을 구원하시되

20 그가 그의 말씀을 보내어 그들을 고치시고 위험한 지경에서 건지시는도다

21 여호와의 인자하심과 인생에게 행하신 기적으로 말미암아 그를

찬송할지로다

22 감사제를 드리며 노래하여 그
가 행하신 일을 선포할지로다

23 배들을 바다에 띄우며 큰 물
에서 일을 하는 자는

24 여호와께서 행하신 일들과 그
의 기이한 일들을 깊은 바다에
서 보나니

25 여호와께서 명령하신즉 광풍이
일어나 바다 물결을 일으키는도
다

26 그들이 하늘로 솟구쳤다가 깊
은 곳으로 내려가나니 그 위험
때문에 그들의 영혼이 녹는도다

27 그들이 이리저리 구르며 취한
자 같이 비틀거리니 그들의 모
든 지각이 혼돈 속에 빠지는도
다

28 이에 그들이 그들의 고통 때
문에 여호와께 부르짖으매 그가

그들의 고통에서 그들을 인도하여 내시고

㉙ 광풍을 고요하게 하사 물결도 잔잔하게 하시는도다

㉚ 그들이 평온함으로 말미암아 기뻐하는 중에 여호와께서 그들이 바라는 항구로 인도하시는도다

㉛ 여호와의 인자하심과 인생에게 행하신 기적으로 말미암아 그를 찬송할지로다

㉜ 백성의 모임에서 그를 높이며 장로들의 자리에서 그를 찬송할지로다

㉝ 여호와께서는 강이 변하여 광야가 되게 하시며 샘이 변하여 마른 땅이 되게 하시며

㉞ 그 주민의 악으로 말미암아 옥토가 변하여 염전이 되게 하시며

양　　떼　　같이　　지켜　　주시나니

42 정직한　　자는　　보고　　기뻐하며

모든　　사악한　　자는　　자기　　입을

봉하리로다

43 지혜　　있는　　자들은　　이러한　　일

들은　　지켜　　보고　　여호와의　　인자

하심을　　깨달으리로다

제 1 0 8 편

다윗의 찬송 시

1 하나님이여 내 마음을 정하였사오니 내가 노래하며 나의 마음을 다하여 찬양하리로다

2 비파야, 수금아, 깰지어다 내가 새벽을 깨우리로다

3 여호와여 내가 만민 중에서 주께 감사하고 뭇 나라 중에서 주를 찬양하오리니

4 주의 인자하심이 하늘보다 높으시며 주의 진실은 궁창에까지 이르나이다

5 하나님이여 주는 하늘 위에 높이 들리시며 주의 영광이 온 땅에서 높임 받으시기를 원하나이다

6 주께서 사랑하시는 자들을 건지시기 위하여 우리에게 응답하사 오른손으로 구원하소서

7 하나님이 그의 ...

8 ...

9 ...

10 ...

11 ...

12 ...

다

13 우리가 하나님을 의지하고 용
감히 행하리니 그는 우리의 대
적을 밟으실 자이심이로다

제 1 0 9 편

다윗의 시, 인도자를 따라 부르는 노래

14 여호와는 그의 조상들의 죄악을 기억하시며 그의 어머니의 죄를 지워 버리지 마시고

15 그 죄악을 항상 여호와 앞에 있게 하사 그들의 기억을 땅에서 끊으소서

16 그가 인자를 베풀 일을 생각하지 아니하고 가난하고 궁핍한 자와 마음이 상한 자를 핍박하여 죽이려 하였기 때문이니이다

17 그가 저주하기를 좋아하더니 그것이 자기에게 임하고 축복하기를 기뻐하지 아니하더니 복이 그를 멀리 떠났으며

18 또 저주하기를 옷 입듯 하더니 저주가 물 같이 그의 몸 속으로 들어가며 기름 같이 그의 뼈 속으로 들어갔나이다

19 저주가 그에게는 입는 옷 같고 항상 띠는 띠와 같게 하소

서

20 이는 나의 대적들이 곧 내
영혼을 대적하여 외담하는 자들
이 여호와께 받는 보응이니이다

21 그러나 주 여호와여 주의 이
름으로 말미암아 나를 선대하소
서 주의 인자하심이 선하시오니
나를 건지소서

22 나는 가난하고 궁핍하여 나의
중심이 상함이니이다

23 나는 석양 그림자 같이 지나
가고 또 메뚜기 같이 불려 가
오며

24 금식하므로 내 무릎이 흔들리
고 내 육체는 수척하오며

25 나는 또 그들의 비방거리라
그들이 나를 보면 머리를 흔드
나이다

26 여호와 나의 하나님이여 나를
도우시며 주의 인자하심을 따라

나	를		구	원	하	소	서							
27	이	것	이		주	의		손	이		하	신		일	인
줄	을		그	들	이		알	게		하	소	서		주
여	호	와	께	서		이	를		행	하	셨	나	이	다
28	그	들	은		내	게		저	주	하	여	도		주	는
내	게		복	을		주	소	서		그	들	은		일	어
날		때	에		수	치	를		당	할	지	라	도		주
의		종	은		즐	거	워	하	리	이	다
29	나	의		대	적	들	이		욕	을		옷		입	듯
하	게		하	시	며		자	기		수	치	를		겉	옷
같	이		입	게		하	소	서
30	내	가		입	으	로		여	호	와	께		크	게
감	사	하	며		많	은		사	람		중	에	서		찬
송	하	리	니
31	그	가		궁	핍	한		자	의		오	른	쪽	에
서	사		그	의		영	혼	을		심	판	하	려		하
는		자	들	에	게	서		구	원	하	실		것	임	이
로	다

제 1 1 0 편

다윗의 시

1 여호와께서 내 주에게 말씀하시기를 내가 네 원수들로 네 발판이 되게 하기까지 너는 내 오른쪽에 앉아 있으리라 셨도다

2 여호와께서 시온에서부터 주의 권능의 규를 내보내시리니 주는 원수들 중에서 다스리소서

3 주의 권능의 날에 주의 백성이 거룩한 옷을 입고 즐거이 헌신하니 새벽 이슬 같은 주의 청년들이 주께 나오는도다

4 여호와는 맹세하고 변하지 아니하시리라 이르시기를 너는 멜기세덱의 서열을 따라 영원한 제사장이라 하셨도다

5 주의 오른쪽에 계신 주께서 그의 노하시는 날에 왕들을 쳐서 깨뜨리실 것이라

⑥ 뭇 나라를 심판하여 시체로
가득하게 하시고 여러 나라의
머리를 쳐서 깨뜨리시며
⑦ 길 가의 시냇물을 마시므로
그의 머리를 드시리로다

1 할렐루야 내가 정직한 자들의 모임과 회중 가운데에서 진심으로 여호와께 감사하리로다

2 여호와께서 행하시는 일들이 크시오니 이를 즐거워하는 자들이 다 기리는도다

3 그의 행하시는 일이 존귀하고 엄위하며 그의 의가 영원히 서 있도다

4 그의 기적을 사람이 기억하게 하셨으니 여호와는 은혜로우시고 자비로우시도다

5 여호와께서 자기를 경외하는 자들에게 양식을 주시며 그의 언약을 영원히 기억하시리로다

6 그가 그들에게 뭇 나라의 기업을 주사 그가 행하신 일의 능력을 그들에게 알리셨도다

7 그의 손이 하는 일은 진실과 정의이며 그의 법도는 다 확실하니

8 영원무궁토록 정하신 바요 진실과 정의로 행하신 바로다

9 여호와께서 그의 백성을 속량하시며 그의 언약을 영원히 세우셨으니 그의 이름이 거룩하고 지존하시도다

10 여호와를 경외함이 지혜의 근본이라 그의 계명을 지키는 자는 다 훌륭한 지각을 가진 자이니 여호와를 찬양함이 영원히 계속되리로다

제 1 1 2 편

① 할렐루야, 여호와를 경외하며 그의 계명을 크게 즐거워하는 자는 복이 있도다

② 그의 후손이 땅에서 강성함이여 정직한 자들의 후손에게 복이 있으리로다

③ 부와 재물이 그의 집에 있음이여 그의 공의가 영구히 서 있으리로다

④ 정직한 자들에게는 흑암 중에 빛이 일어나나니 그는 자비롭고 긍휼이 많으며 의로운 이로다

⑤ 은혜를 베풀며 꾸어 주는 자는 잘 되나니 그 일을 정의로 행하리로다

⑥ 그는 영원히 흔들리지 아니함이여 의인은 영원히 기억되리로다

❼ 그는 흉한 소문을 두려워하지
아니함이여 여호와를 의뢰하고
그의 마음을 굳게 정하였도다
❽ 그의 마음이 견고하여 두려워
하지 아니할 것이라 그의 대적
들이 받는 보응을 마침내 보리
로다
❾ 그가 재물을 흩어 빈궁한 자
들에게 주었으니 그의 의가 영
구히 있고 그의 뿔이 영광 중
에 들리리로다
❿ 악인은 이를 보고 한탄하여
이를 갈면서 소멸되리니 악인들
의 욕망은 사라지리로다

1. 할렐루야, 여호와의 종들아 찬양하라 여호와의 이름을 찬양하라

2. 이제부터 영원까지 여호와의 이름을 찬송할지로다

3. 해 돋는 데에서부터 해 지는 데에까지 여호와의 이름이 찬양을 받으시리로다

4. 여호와는 모든 나라보다 높으시며 그의 영광은 하늘보다 높으시도다

5. 여호와 우리 하나님과 같은 이가 누구리요 높은 곳에 앉으셨으나

6. 스스로 낮추사 천지를 살피시고

7. 가난한 자를 먼지 더미에서 일으키시며 궁핍한 자를 거름

더미에서 들어 세워

8 지도자들 곧 그의 백성의 지
도자들과 함께 세우시며

9 또 임신하지 못하던 여자를
집에 살게 하사 자녀들을 즐겁
게 하는 어머니가 되게 하시는
도다 할렐루야

제 1 1 4 편

1 이스라엘이 애굽에서 나오며 야곱의 집안이 언어가 다른 민족에게서 나올 때에

2 유다는 여호와의 성소가 되고 이스라엘은 그의 영토가 되었도다

3 바다가 보고 도망하며 요단은 물러갔으니

4 산들은 숫양들 같이 뛰놀며 작은 산들은 어린 양들 같이 뛰었도다

5 바다야 네가 도망함은 어찌함이며 요단아 네가 물러감은 어찌함인가

6 너희 산들아 숫양들 같이 뛰놀며 작은 산들아 어린 양들 같이 뛰놂은 어찌함인가

7 땅이여 너는 주 앞 곧 야곱

의　　하나님　앞에서　　떨지어다
❽　그가　　반석을　　쳐서　　못물이　　되
게　　하시며　　차돌로　　샘물이　　되게
하셨도다

제 1 1 5 편

① 여호와여 영광을 우리에게 돌리지 마옵소서 우리에게 돌리지 마옵소서 오직 주는 인자하시고 진실하시므로 주의 이름에만 영광을 돌리소서

② 어찌하여 뭇 나라가 그들의 하나님이 이제 어디 있느냐 말하게 하리이까

③ 오직 우리 하나님은 하늘에 계셔서 원하시는 모든 것을 행하셨나이다

④ 그들의 우상들은 은과 금이요 사람이 손으로 만든 것이라

⑤ 입이 있어도 말하지 못하며 눈이 있어도 보지 못하며

⑥ 귀가 있어도 듣지 못하며 코가 있어도 냄새 맡지 못하며

⑦ 손이 있어도 만지지 못하며

발이 있어도 걷지 못하며 목구멍이 있어도 작은 소리조차 내지 못하느니라

⑧ 우상들을 만드는 자들과 그것을 의지하는 자들이 다 그와 같으리로다

⑨ 이스라엘아 여호와를 의지하라 그는 너희의 도움이시요 너희의 방패시로다

⑩ 아론의 집이여 여호와를 의지하라 그는 너희의 도움이시요 너희의 방패시로다

⑪ 여호와를 경외하는 자들아 너희는 여호와를 의지하여라 그는 너희의 도움이시요 너희의 방패시로다

⑫ 여호와께서 우리를 생각하사 복을 주시되 이스라엘 집에도 복을 주시고 아론의 집에도 복을 주시며

13 높은 사람이나 낮은 사람을
막론하고 여호와를 경외하는 자
들에게 복을 주시리로다
14 여호와께서 너희를 곧 너희와
너희의 자손을 더욱 번창하게
하시기를 원하노라
15 너희는 천지를 지으신 여호와
께 복을 받는 자로다
16 하늘은 여호와의 하늘이라도
땅은 사람에게 주셨도다
17 죽은 자들은 여호와를 찬양하
지 못하나니 적막한 데로 내려
가는 자들은 아무도 찬양하지
못하리로다
18 우리는 이제부터 영원까지 여
호와를 송축하리로다 할렐루야

제 1 1 6 편

1 여호와께서 내 음성과 내 간구를 들으시므로 내가 그를 사랑하는도다

2 그의 귀를 내게 기울이셨으므로 내가 평생에 기도하리로다

3 사망의 줄이 나를 두르고 스올의 고통이 내게 이르므로 내가 환난과 슬픔을 만났을 때에

4 내가 여호와의 이름으로 기도하기를 여호와여 주께 구하오니 내 영혼을 건지소서 하였도다

5 여호와는 은혜로우시며 의로우시며 우리 하나님은 긍휼이 많으시도다

6 여호와께서는 순진한 자를 지키시나니 내가 어려울 때에 나를 구원하셨도다

7 내 영혼아 네 평안함으로 돌

아 갈 지 어 다 　 여 호 와 께 서 　 너 를 　 후

대 하 심 이 로 다

8 주 께 서 　 내 　 영 혼 을 　 사 망 에 서,

내 　 눈 을 　 눈 물 에 서, 　 내 　 발 을

넘 어 짐 에 서 　 건 지 셨 나 이 다

9 내 가 　 생 명 이 　 있 는 　 땅 에 서 　 여

호 와 　 앞 에 　 행 하 리 로 다

10 내 가 　 크 게 　 고 통 을 　 당 하 였 다 고

말 한 　 때 에 도 　 나 는 　 믿 었 도 다

11 내 가 　 놀 라 서 　 이 르 기 를 　 모 든

사 람 이 　 거 짓 말 쟁 이 라 　 하 였 도 다

12 내 게 　 주 신 　 모 든 　 은 혜 를 　 내 가

여 호 와 께 　 무 엇 으 로 　 보 답 할 까

13 내 가 　 구 원 의 　 잔 을 　 들 고 　 여 호

와 의 　 이 름 을 　 부 르 며

14 여 호 와 의 　 모 든 　 백 성 　 앞 에 서

나 는 　 나 의 　 서 원 을 　 여 호 와 께 　 갚

으 리 로 다

15 그 의 　 경 건 한 　 자 들 의 　 죽 음 은

여 호 와 께 서 　 보 시 기 에 　 귀 중 한 　 것

이로다

16 여호와여 나는 진실로 주의 종이요 주의 여종의 아들 곧 주의 종이라 주께서 나의 결박을 푸셨나이다

17 내가 주께 감사제를 드리고 여호와의 이름을 부르리이다

18 내가 여호와께 서원한 것을 그의 모든 백성이 보는 앞에서 내가 지키리로다

19 예루살렘아, 네 한가운데에서 곧 여호와의 성전 뜰에서 지키리로다 할렐루야

제 1 1 7 편

1 너희 모든 나라들아 여호와를
찬양하며 너희 모든 백성들아
그를 찬송할지어다

2 우리에게 향하신 여호와의 인
자하심이 크시고 여호와의 진실
하심이 영원함이로다 할렐루야

1 여호와께 감사하라 그는 선하
시며 그의 인자하심이 영원함이
로다

2 이제 이스라엘은 말하기를 그
의 인자하심이 영원하다 할지로
다

3 이제 아론의 집은 말하기를
그의 인자하심이 영원하다 할지
로다

4 이제 여호와를 경외하는 자는
말하기를 그의 인자하심이 영원
하다 할지로다

5 내가 고통 중에 여호와께 부
르짖었더니 여호와께서 응답하시
고 나를 넓은 곳에 세우셨도다

6 여호와는 내 편이시라 내가
두려워하지 아니하리니 사람이
내게 어찌할까

7 여호와께서 내 편이 되사 나를 돕는 자들 중에 계시니 그러므로 나를 미워하는 자들에게 보응하시는 것을 내가 보리로다

8 여호와께 피하는 것이 사람을 신뢰하는 것보다 나으며

9 여호와께 피하는 것이 고관들을 신뢰하는 것보다 낫도다

10 뭇 나라가 나를 에워쌌으니 내가 여호와의 이름으로 그들을 끊으리로다

11 그들이 나를 에워싸고 에워쌌으니 내가 여호와의 이름으로 그들을 끊으리로다

12 그들이 벌들처럼 나를 에워쌌으나 가시덤불의 불 같이 타 없어졌나니 내가 여호와의 이름으로 그들을 끊으리로다

13 너는 나를 밀쳐 넘어뜨리려 하였으나 여호와께서는 나를 도

우셨도다

14 여호와는 나의 능력과 찬송이
시요 또 나의 구원이 되셨도다

15 의인들의 장막에는 기쁜 소리,
구원의 소리가 있음이여 여호와
의 오른손이 권능을 베푸시며

16 여호와의 오른손이 높이 들렸
으며 여호와의 오른손이 권능을
베푸시는도다

17 내가 죽지 않고 살아서 여호
와께서 하시는 일을 선포하리로
다

18 여호와께서 나를 심히 경책하
셨어도 죽음에는 넘기지 아니하
셨도다

19 내게 의의 문들을 열지어다
내가 그리로 들어가서 여호와께
감사하리로다

20 이는 여호와의 문이라 의인들
이 그리로 들어가리로다

21 주께서 내게 응답하시고 나의 구원이 되셨으니 내가 주께 감사하리이다

22 건축자가 버린 돌이 집 모퉁이의 머릿돌이 되었나니

23 이는 여호와께서 행하신 것이요 우리 눈에 기이한 바로다

24 이 날은 여호와께서 정하신 것이라 이 날에 우리가 즐거워하고 기뻐하리로다

25 여호와여 구하옵나니 이제 구원하소서 여호와여 우리가 구하옵나니 이제 형통하게 하소서

26 여호와의 이름으로 오는 자가 복이 있음이여 우리가 여호와의 집에서 너희를 축복하였도다

27 여호와는 하나님이시라 그가 우리에게 빛을 비추셨으니 밧줄로 절기 제물을 재단 뿔에 맬지어다

28 주는 나의 하나님이시라 내가 주께 감사하리이다 주는 나의 하나님이시라 내가 주를 높이리이다

29 여호와께 감사하라 그는 선히 시며 그의 인자하심이 영원함이로다

제 119 편

① 행위가 온전하여 여호와의 율법을 따라 행하는 자들은 복이 있음이여

② 여호와의 증거들을 지키고 전심으로 여호와를 구하는 자는 복이 있도다

③ 참으로 그들은 불의를 행하지 아니하고 주의 도를 행하는도다

④ 주께서 명령하사 주의 법도를 잘 지키게 하셨나이다

⑤ 내 길을 굳게 정하사 주의 율례를 지키게 하소서

⑥ 내가 주의 모든 계명에 주의할 때에는 부끄럽지 아니하리이다

⑦ 내가 주의 의로운 판단을 배울 때에는 정직한 마음으로 주께 감사하리이다

⑧ 내가 주의 율례들을 지키오리
니 나를 아주 버리지 마옵소서

⑨ 청년이 무엇으로 그의 행실을
깨끗하게 하리이까 주의 말씀만
지킬 따름이니이다

⑩ 내가 전심으로 주를 찾았사오
니 주의 계명에서 떠나지 말게
하소서

⑪ 내가 주께 범죄하지 아니하려
하여 주의 말씀을 내 마음에
두었나이다

⑫ 찬송을 받으실 주 여호와여
주의 율례들을 내게 가르치소서

⑬ 주의 입의 모든 규례들을 나
의 입술로 선포하였으며

⑭ 내가 모든 재물을 즐거워함
같이 주의 증거들의 도를 즐거
워하였나이다

⑮ 내가 주의 법도들을 작은 소
리로 읊조리며 주의 길들에 주

의하며

16 주의 율례들을 즐거워하며 주의 말씀을 잊지 아니하리이다

17 주의 종을 후대하여 살게 하소서 그리하시면 주의 말씀을 지키리이다

18 내 눈을 열어서 주의 율법에서 놀라운 것을 보게 하소서

19 나는 땅에서 나그네가 되었사오니 주의 계명들을 내게 숨기지 마소서

20 주의 규례들을 항상 사모함으로 내 마음이 상하나이다

21 교만하여 저주를 받으며 주의 계명들에서 떠나는 자들을 주께서 꾸짖으셨나이다

22 내가 주의 교훈들을 지켰사오니 비방과 멸시를 내게서 떠나게 하소서

23 고관들도 앉아서 나를 비방하

였사오나 주의 종은 주의 율례
들을 작은 소리로 읊조렸나이다
24 주의 증거들은 나의 즐거움이
요 나의 충고자니이다
25 내 영혼이 진토에 붙었사오니
주의 말씀대로 나를 살아나게
하소서
26 내가 나의 행위를 아뢰매 주
께서 내게 응답하셨사오니 주의
율례들을 내게 가르치소서
27 나에게 주의 법도들의 길을
깨닫게 하여 주소서 그리하시면
내가 주의 기이한 일들을 작은
소리로 읊조리리이다
28 나의 영혼이 눌림으로 말미암
아 녹사오니 주의 말씀대로 나
를 세우소서
29 거짓 행위를 내게서 떠나게
하시고 주의 법을 내게 은혜로
이 베푸소서

30 내가 성실한 길을 택하고 주의 규례들을 내 앞에 두었나이다

31 내가 주의 증거들에 매달렸사오니 여호와여 내가 수치를 당하지 말게 하소서

32 주께서 내 마음을 넓히시면 내가 주의 계명들의 길로 달려가리이다

33 여호와여 주의 율례들의 도를 내게 가르치소서 내가 끝까지 지키리이다

34 나로 하여금 깨닫게 하여 주소서 내가 주의 법을 준행하며 전심으로 지키리이다

35 나로 하여금 주의 계명들의 길로 행하게 하소서 내가 이를 즐거워함이니이다

36 내 마음을 주의 증거들에게 향하게 하시고 탐욕으로 향하지

말게 하소서

37 내 눈을 돌이켜 허탄한 것을 보지 말게 하시고 주의 길에서 나를 살아나게 하소서

38 주를 경외하게 하는 주의 말씀을 주의 종에게 세우소서

39 내가 두려워하는 비방을 내게서 떠나게 하소서 주의 규례들은 선하심이니이다

40 내가 주의 법도들을 사모하였사오니 주의 의로 나를 살아나게 하소서

41 여호와여 주의 말씀대로 주의 인자하심과 주의 구원을 내게 임하게 하소서

42 그리하시면 내가 나를 비방하는 자들에게 대답할 말이 있사오리니 내가 주의 말씀을 의지함이니이다

43 진리의 말씀이 내 입에서 조

금도　떠나지　말게　하소서　내가
주의　규례를　바랐음이니이다
44 내가　주의　율법을　항상　지키
리이다　영원히　지키리이다
45 내가　주의　법도들을　구하였사
오니　자유롭게　걸어갈　것이오며
46 또　왕들　앞에서　주의　교훈들
을　말할　때에　수치를　당하지
아니하겠사오며
47 내가　사랑하는　주의　계명들을
스스로　즐거워하며
48 또　내가　사랑하는　주의　계명
들을　향하여　내　손을　들고　주
의　율례들을　작은　소리로　읊조
리리이다
49 주의　종에게　하신　말씀을　기
억하소서　주께서　내게　소망을
가지게　하셨나이다
50 이　말씀은　나의　고난　중의
위로라　주의　말씀이　나를　살리

셨기 때문이니이다

51 교만한 자들이 나를 심히 조롱하였어도 나는 주의 법을 떠나지 아니하였나이다

52 여호와여 주의 옛 규례들을 내가 기억하고 스스로 위로하였나이다

53 주의 · 율법을 버린 악인들로 말미암아 내가 맹렬한 분노에 사로잡혔나이다

54 내가 나그네 된 집에서 주의 율례들이 나의 노래가 되었나이다

55 여호와여 내가 밤에 주의 이름을 기억하고 주의 법을 지켰나이다

56 내 소유는 이것이니 곧 주의 법도들을 지킨 것이니이다

57 여호와는 나의 분깃이시니 나는 주의 말씀을 지키리라 하였

나이다

58 내가 전심으로 주께 간구하였사오니 주의 말씀대로 내게 은혜를 베푸소서

59 내가 내 행위를 생각하고 주의 증거들을 향하여 내 발길을 돌이켰사오며

60 주의 계명들을 지키기에 신속히 하고 지체하지 아니하였나이다

61 악인들의 줄이 내게 두루 얽혔을지라도 나는 주의 법을 잊지 아니하였나이다

62 내가 주의 의로운 규례들로 말미암아 밤중에 일어나 주께 감사하리이다

63 나는 주를 경외하는 모든 자들과 주의 법도들을 지키는 자들의 친구라

64 여호와여 주의 인자하심이 땅

에　충만하였사오니　주의　율례들
로　나를　가르치소서
65 여호와여　주의　말씀대로　주의
종을　선대하셨나이다
66 내가　주의　계명들을　믿었사오
니　좋은　명철과　지식을　내게
가르치소서
67 고난　당하기　전에는　내가　그
릇　행하였더니　이제는　주의　말
씀을　지키나이다
68 주는　선하사　선을　행하시오니
주의　율례들로　나를　가르치소서
69 교만한　자들이　거짓을　지어
나를　치려　하였사오나　나는　전
심으로　주의　법도들을　지키리이
다
70 그들의　마음은　살쪄서　기름덩
이　같으나　나는　주의　법을　즐
거워하나이다
71 고난　당한　것이　내게　유익이

라 이로 말미암아 내가 주의

율례들을 배우게 되었나이다

72 주의 입의 법이 내게는 천천

금은보다 좋으니이다

73 주의 손이 나를 만들고 세우

셨사오니 내가 깨달아 주의 계

명들을 배우게 하소서

74 주를 경외하는 자들이 나를

보고 기뻐하는 것은 내가 주의

말씀을 바라는 까닭이니이다

75 여호와여 내가 알거니와 주의

심판은 의로우시고 주께서 나를

괴롭게 하심은 성실하심 때문이

니이다

76 구하오니 주의 종에게 하신

말씀대로 주의 인자하심이 나의

위안이 되게 하시며

77 주의 긍휼히 여기심이 내게

임하사 내가 살게 하소서 주의

법은 나의 즐거움이니이다

78 교만한 자들이 거짓으로 나를
엎드러뜨렸으니 그들이 수치를
당하게 하소서 나는 주의 법도
들을 작은 소리로 읊조리리이다
79 주를 경외하는 자들이 내게
돌아오게 하소서 그리하시면 그
들이 주의 증거들을 알리이다
80 내 마음으로 주의 율례들에
완전하게 하사 내가 수치를 당
하지 아니하게 하소서
81 나의 영혼이 주의 구원을 사
모하기에 피곤하오나 나는 주의
말씀을 바라나이다
82 나의 말이 주께서 언제나 나
를 안위하실까 하면서 내 눈이
주의 말씀을 바라기에 피곤하니
이다
83 내가 연기 속의 가죽 부대
같이 되었으나 주의 율례들을
잊지 아니하나이다

84 주의 종의 날이 얼마나 되나

이까 나를 핍박하는 자들을 주

께서 언제나 심판하시리이까

85 주의 법을 따르지 아니하는

교만한 자들이 나를 해하려고

웅덩이를 팠나이다

86 주의 모든 계명들은 신실하니

이다 그들이 이유 없이 나를

핍박하오니 나를 도우소서

87 그들이 나를 세상에서 거의

멸하였으나 나는 주의 법도들을

버리지 아니하였사오니

88 주의 인자하심을 따라 나를

살아나게 하소서 그리하시면 주

의 입의 교훈들을 내가 지키리

이다

89 여호와여 주의 말씀은 영원히

하늘에 굳게 섰사오며

90 주의 성실하심은 대대에 이르

나이다 주께서 땅을 세우셨으므

로　　땅이　　항상　　있사오니

91 천지가　　주의　　규례들대로　　오늘

까지　　있음은　　만물이　　주의　　종이

된　　까닭이니이다

92 주의　　법이　　나의　　즐거움이　　되

지　　아니하였더면　　내가　　내　　고난

중에　　멸망하였으리이다

93 내가　　주의　　법도들을　　영원히

잊지　　아니하오니　　주께서　　이것들

때문에　　나를　　살게　　하심이니이다

94 나는　　주의　　것이오니　　나를　　구

원하소서　　내가　　주의　　법도들만을

찾았나이다

95 악인들이　　나를　　멸하려고　　엿보

오나　　나는　　주의　　증거들만을　　생

각하겠나이다

96 내가　　보니　　모든　　완전한　　것이

다　　끝이　　있어도　　주의　　계명들은

심히　　넓으니이다

97 내가　　주의　　법을　　어찌　　그리

사랑하는지요 내가 그것을 종일
작은 소리로 읊조리나이다
98 주의 계명들이 항상 나와 함
께 하므로 그것들이 나를 원수
보다 지혜롭게 하나이다
99 내가 주의 증거들을 늘 읊조
리므로 나의 명철함이 나의 모
든 스승보다 나으며
100 주의 법도들을 지키므로 나의
명철함이 노인보다 나으니이다
101 내가 주의 말씀을 지키려고
발을 금하여 모든 악한 길로
가지 아니하였사오며
102 주께서 나를 가르치셨으므로
내가 주의 규례들에서 떠나지
아니하였나이다
103 주의 말씀의 맛이 내게 어찌
그리 단지요 내 입에 꿀보다
더 다니이다
104 주의 법도들로 말미암아 내가

명철하게 되었으므로 모든 거짓
행위를 미워하나이다

105 주의 말씀은 내 발에 등이요
내 길에 빛이니이다

106 주의 의로운 규례들을 지키기
로 맹세하고 굳게 정하였나이다

107 나의 고난이 매우 심하오니
여호와여 주의 말씀대로 나를
살아나게 하소서

108 여호와여 구하오니 내 입이
드리는 자원제물을 받으시고 주
의 공의를 내게 가르치소서

109 나의 생명이 항상 위기에 있
사오나 나는 주의 법을 잊지
아니하나이다

110 악인들이 나를 해하려고 올무
를 놓았사오나 나는 주의 법도
들에서 떠나지 아니하였나이다

111 주의 증거들로 내가 영원히
나의 기업을 삼았사오니 이는

내　마음의　즐거움이　됨이니이다

112　내가　주의　율례들을　영원히
행하려고　내　마음을　기울였나이
다

113　내가　두　마음　품는　자들을
미워하고　주의　법을　사랑하나이
다

114　주는　나의　은신처요　방패시라
내가　주의　말씀을　바라나이다

115　너희　행악자들이여　나를　떠날
지어다　나는　내　하나님의　계명
들을　지키리로다

116　주의　말씀대로　나를　붙들어
살게　하시고　내　소망이　부끄럽
지　않게　하소서

117　나를　붙드소서　그리하시면　내
가　구원을　얻고　주의　율례들에
항상　주의하리이다

118　주의　율례들에서　떠나는　자는
주께서　다　멸시하셨으니　그들의

속임수는　허무함이니이다

119　주께서　세상의　모든　악인들을
찌꺼기　같이　버리시니　그러므로
내가　주의　증거들을　사랑하나이
다

120　내　육체가　주를　두려워함으로
떨며　내가　또　주의　심판을　두
려워하나이다

121　내가　정의와　공의를　행하였사
오니　나를　박해하는　자들에게
나를　넘기지　마옵소서

122　주의　종을　보증하사　복을　얻
게　하시고　교만한　자들이　나를
박해하지　못하게　하소서

123　내　눈이　주의　구원과　주의
의로운　말씀을　사모하기에　피곤
하니이다

124　주의　인자하심대로　주의　종에
게　행하사　내게　주의　율례들을
가르치소서

125 나는 주의 종이오니 나를 깨
닫게 하사 주의 증거들을 알게
하소서

126 그들이 주의 법을 폐하였사오
니 지금은 여호와께서 일하실
때니이다

127 그러므로 내가 주의 계명들을
금 곧 순금보다 더 사랑하나이
다

128 그러므로 내가 범사에 모든
주의 법도들을 바르게 여기고
모든 거짓 행위를 미워하나이다

129 주의 증거들은 놀라우므로 내
영혼이 이를 지키나이다

130 주의 말씀을 열면 빛이 비치
어 우둔한 사람들을 깨닫게 하
나이다

131 내가 주의 계명들을 사모하므
로 내가 입을 열고 헐떡였나이
다

132 주의 이름을 사랑하는 자들에게 베푸시던 대로 내게 돌이키사 내게 은혜를 베푸소서

133 나의 발걸음을 주의 말씀에 굳게 세우시고 어떤 죄악도 나를 주관하지 못하게 하소서

134 사람의 박해에서 나를 구원하소서 그리하시면 내가 주의 법도들을 지키리이다

135 주의 얼굴을 주의 종에게 비추시고 주의 율례로 나를 가르치소서

136 그들이 주의 법을 지키지 아니하므로 내 눈물이 시냇물 같이 흐르나이다

137 여호와여 주는 의로우시고 주의 판단은 옳으니이다

138 주께서 명령하신 증거들은 의롭고 지극히 성실하니이다

139 내 대적들이 주의 말씀을 잊

어버렸으므로 내 열정이 나를
삼켰나이다

140 주의 말씀이 심히 순수하므로
주의 종이 이를 사랑하나이다

141 내가 미천하여 멸시를 당하나
주의 법도를 잊지 아니하였나이
다

142 주의 의는 영원한 의요 주의
율법은 진리로소이다

143 환난과 우환이 내게 미쳤으나
주의 계명은 나의 즐거움이니이
다

144 주의 증거들은 영원히 의로우
시니 나로 하여금 깨닫게 하사
살게 하소서

145 여호와여 내가 전심으로 부르
짖었사오니 내게 응답하소서 내
가 주의 교훈들을 지키리이다

146 내가 주께 부르짖었사오니 나
를 구원하소서 내가 주의 증거

들을　지키리이다

147 내가　날이　밝기　전에　부르짖
으며　주의　말씀을　바랐사오며

148 주의　말씀을　조용히　읊조리려
고　내가　새벽녘에　눈을　떴나이
다

149 주의　인자하심을　따라　내　소
리를　들으소서　여호와여　주의
규례들을　따라　나를　살리소서

150 악을　따르는　자들이　가까이
왔사오니　그들은　주의　법에서
머니이다

151 여호와여　주께서　가까이　계시
오니　주의　모든　계명들은　진리
니이다

152 내가　전부터　주의　증거들을
알고　있었으므로　주께서　영원히
세우신　것인　줄을　알았나이다

153 나의　고난을　보시고　나를　건
지소서　내가　주의　율법을　잊지

아니함이니이다

154 주께서 나를 변호하시고 나를 구하사 주의 말씀대로 나를 살리소서

155 구원이 악인들에게서 멀어짐은 그들이 주의 율례들을 구하지 아니함이니이다

156 여호와여 주의 긍휼이 많으오니 주의 규례들에 따라 나를 살리소서

157 나를 핍박하는 자들과 나의 대적들이 많으나 나는 주의 증거들에서 떠나지 아니하였나이다

158 주의 말씀을 지키지 아니하는 거짓된 자들을 내가 보고 슬퍼하였나이다

159 내가 주의 법도들을 사랑함을 보옵소서 여호와여 주의 인자하심을 따라 나를 살리소서

160 주의 말씀의 강령은 진리이오

니　　주의　　의로운　　모든　　규례들은

영원하리이다

161 고관들이　　거짓으로　　나를　　핍박

하오나　　나의　　마음은　　주의　　말씀

만　　경외하나이다

162 사람이　　많은　　탈취물을　　얻은

것처럼　　나는　　주의　　말씀을　　즐거

워하나이다

163 나는　　거짓을　　미워하며　　싫어하

고　　주의　　율법을　　사랑하나이다

164 주의　　의로운　　규례들로　　말미암

아　　내가　　하루　　일곱　　번씩　　주를

찬양하나이다

165 주의　　법을　　사랑하는　　자에게는

큰　　평안이　　있으니　　그들에게　　장

애물이　　없으리이다

166 여호와여　　내가　　주의　　구원을

바라며　　주의　　계명들을　　행하였나

이다

167 내　　영혼이　　주의　　증거들을　　지

겄사오며 내가 이를 지극히 사랑하나이다

168 내가 주의 법도들과 증거들을 지켰사오니 나의 모든 행위가 주 앞에 있음이니이다

169 여호와여 나의 부르짖음이 주의 앞에 이르게 하시고 주의 말씀대로 나를 깨닫게 하소서

170 나의 간구가 주의 앞에 이르게 하시고 주의 말씀대로 나를 건지소서

171 주께서 율례를 내게 가르치시므로 내 입술이 주를 찬양하리이다

172 주의 모든 계명들이 의로우므로 내 혀가 주의 말씀을 노래하리이다

173 내가 주의 법도들을 택하였사오니 주의 손이 항상 나의 도움이 되게 하소서

174 여호와여 내가 주의 구원을 사모하였사오며 주의 율법을 즐거워하나이다

175 내 영혼을 살게 하소서 그리하시면 주를 찬송하리이다 주의 규례들이 나를 돕게 하소서

176 잃은 양 같이 내가 방황하오니 주의 종을 찾으소서 내가 주의 계명들을 잊지 아니함이니이다

제 1 2 0 편

성전에 올라가는 노래

① 내가 환난 중에 여호와께 부르짖었더니 내게 응답하셨도다

② 여호와여 거짓된 입술과 속이는 혀에서 내 생명을 건져 주소서

③ 너 속이는 혀여 무엇을 네게 주며 무엇을 네게 더할꼬

④ 장사의 날카로운 화살과 로뎀 나무 숯불이리로다

⑤ 메섹에 머물며 게달의 장막 중에 머무는 것이 내게 화로다

⑥ 내가 화평을 미워하는 자들과 함께 오래 거주하였도다

⑦ 나는 화평을 원할지라도 내가 말할 때에 그들은 싸우려 하는도다

제 1 2 1 편

성전에 올라가는 노래

① 내가 산을 향하여 눈을 들리
라 나의 도움이 어디서 올까

② 나의 도움은 천지를 지으신
여호와에게서로다

③ 여호와께서 너를 실족하지 아
니하게 하시며 너를 지키시는
이가 졸지 아니하시리로다

④ 이스라엘을 지키시는 이는 졸
지도 아니하시고 주무시지도 아
니하시리로다

⑤ 여호와는 너를 지키시는 이시
라 여호와께서 네 오른쪽에서
네 그늘이 되시나니

⑥ 낮의 해가 너를 상하게 하지
아니하며 밤의 달도 너를 해치
지 아니하리로다

⑦ 여호와께서 너를 지켜 모든
환난을 면하게 하시며 또 내

영혼을 지키시리로다

8 여호와께서 너의 출입을 지금
부터 영원까지 지키시리로다

제 1 2 2 편

다윗의 시 곧 성전에 올라가는 노래

1 사람이 내게 말하기를 여호와의 집에 올라가자 한 때에 내가 기뻐하였도다

2 예루살렘아 우리 발이 네 성문 안에 섰도다

3 예루살렘아 너는 잘 짜여진 성읍과 같이 건설되었도다

4 지파들 곧 여호와의 지파들이 여호와의 이름에 감사하려고 이스라엘의 전례대로 그리로 올라가는도다

5 거기에 심판의 보좌를 두셨으니 곧 다윗의 집의 보좌로다

6 예루살렘을 위하여 평안을 구하라 예루살렘을 사랑하는 자는 형통하리로다

7 네 성 안에는 평안이 있고 네 궁중에는 형통함이 있을지어

다

8 내가 내 형제와 친구를 위하여 이제 말하리니 네 가운데에 평안이 있을지어다

9 여호와 우리 하나님의 집을 위하여 내가 너를 위하여 복을 구하리로다

제 1 2 3 편

성전에 올라가는 노래

1 하늘에 계시는 주여 내가 눈을 들어 주께 향하나이다

2 상전의 손을 바라보는 종들의 눈 같이, 여주인의 손을 바라보는 여종의 눈 같이 우리의 눈이 여호와 우리 하나님을 바라보며 우리에게 은혜 베풀어 주시기를 기다리나이다

3 여호와여 우리에게 은혜를 베푸시고 또 은혜를 베푸소서 심한 멸시가 우리에게 넘치나이다

4 안일한 자의 조소와 교만한 자의 멸시가 우리 영혼에 넘치나이다

제 1 2 4 편

다윗의 시 곧 성전에 올라가는 노래

1 이스라엘은 이제 말하기를 여호와께서 우리 편에 계시지 아니하셨더라면 우리가 어떻게 하였으랴

2 사람들이 우리를 치러 일어날 때에 여호와께서 우리 편에 계시지 아니하셨더라면

3 그 때에 그들의 노여움이 우리에게 맹렬하여 우리를 산 채로 삼켰을 것이며

4 그 때에 물이 우리를 휩쓸며 시내가 우리 영혼을 삼켰을 것이며

5 그 때에 넘치는 물이 우리 영혼을 삼켰을 것이라 할 것이로다

6 우리를 내주어 그들의 이에 씹히지 아니하게 하신 여호와를

찬송할지로다

7 우리의 영혼이 사냥꾼의 올무
에서 벗어난 새 같이 되었나니
올무가 끊어지므로 우리가 벗어
났도다

8 우리의 도움은 천지를 지으신
여호와의 이름에 있도다

제 125 편

성전에 올라가는 노래

1 여호와를 의지하는 자는 시온산이 흔들리지 아니하고 영원히 있음 같도다

2 산들이 예루살렘을 두름과 같이 여호와께서 그의 백성을 지금부터 영원까지 두르시리로다

3 악인의 규가 의인들의 땅에서는 그 권세를 누리지 못하리니 이는 의인들로 하여금 죄악에 손을 대지 아니하게 함이로다

4 여호와여 선한 자들과 마음이 정직한 자들에게 선대하소서

5 자기의 굽은 길로 치우치는 자들은 여호와께서 죄를 범하는 자들과 함께 다니게 하시리로다 이스라엘에게는 평강이 있을지어다

제 126 편

성전에 올라가는 노래

1 여호와께서 시온의 포로를 돌려 보내실 때에 우리는 꿈꾸는 것 같았도다

2 그 때에 우리 입에는 웃음이 가득하고 우리 혀에는 찬양이 찼었도다 그 때에 뭇 나라 가운데에서 말하기를 여호와께서 그들을 위하여 큰 일을 행하셨다 하였도다

3 여호와께서 우리를 위하여 큰 일을 행하셨으니 우리는 기쁘도다

4 여호와여 우리의 포로를 남방 시내들 같이 돌려 보내소서

5 눈물을 흘리며 씨를 뿌리는 자는 기쁨으로 거두리로다

6 울며 씨를 뿌리러 나가는 자는 반드시 기쁨으로 그 곡식

단을 가지고 돌아오리로다

제 1 2 7 편

솔로몬의 시 곧 성전에 올라가는 노래

① 여호와께서 집을 세우지 아니하시면 세우는 자의 수고가 헛되며 여호와께서 성을 지키지 아니하시면 파수꾼의 깨어 있음이 헛되도다

② 너희가 일찍이 일어나고 늦게 누우며 수고의 떡을 먹음이 헛되도다 그러므로 여호와께서 그의 사랑하시는 자에게는 잠을 주시는도다

③ 보라 자식들은 여호와의 기업이요 태의 열매는 그의 상급이로다

④ 젊은 자의 자식은 장사의 수중의 화살 같으니

⑤ 이것이 그의 화살통에 가득한 자는 복되도다 그들이 성문에서 그들의 원수와 담판할 때에 수

치룬 당하지 아니하리로다

제 1 2 8 편

성전에 올라가는 노래

❶ 여호와를 경외하며 그의 길을 걷는 자마다 복이 있도다

❷ 네가 네 손이 수고한 대로 먹을 것이라 네가 복되고 형통하리로다

❸ 네 집 안방에 있는 네 아내는 결실한 포도나무 같으며 네 식탁에 둘러 앉은 자식들은 어린 감람나무 같으리로다

❹ 여호와를 경외하는 자는 이같이 복을 얻으리로다

❺ 여호와께서 시온에서 네게 복을 주실지어다 너는 평생에 예루살렘의 번영을 보며

❻ 네 자식의 자식을 볼지어다 이스라엘에게 평강이 있을지로다

제 1 2 9 편

성전에 올라가는 노래

1 이스라엘은 이제 말하기를 그
들이 내가 어릴 때부터 여러
번 나를 괴롭혔도다

2 그들이 내가 어릴 때부터 여
러 번 나를 괴롭혔으나 나를
이기지 못하였도다

3 밭 가는 자들이 내 등을 갈
아 그 고랑을 길게 지었도다

4 여호와께서는 의로우사 악인들
의 줄을 끊으셨도다

5 무릇 시온을 미워하는 자들은
수치를 당하여 물러갈지어다

6 그들은 지붕의 풀과 같을지어
다 그것은 자라기 전에 마르는
것이라

7 이런 것은 베는 자의 손과
묶는 자의 품에 차지 아니하나
니

8 지나가는 자들도 여호와의 복

이 너희에게 있을지어다 하거나

우리가 여호와의 이름으로 너희

에게 축복한다 하지 아니하느니

라

제 1 3 0 편

성전에 올라가는 노래

① 여호와여 내가 깊은 곳에서
주께 부르짖었나이다

② 주여 내 소리를 들으시며 나
의 부르짖는 소리에 귀를 기울
이소서

③ 여호와여 주께서 죄악을 지켜
보실진대 주여 누가 서리이까

④ 그러나 사유하심이 주께 있음
은 주를 경외하게 하심이니이다

⑤ 나 곧 내 영혼은 여호와를
기다리며 나는 주의 말씀을 바
라는도다

⑥ 파수꾼이 아침을 기다림보다
내 영혼이 주를 더 기다리나니
참으로 파수꾼이 아침을 기다림
보다 더하도다

⑦ 이스라엘아 여호와를 바랄지어
다 여호와께서는 인자하심과 풍

성한　속량이　있음이라
❽ 그가　이스라엘을　그의　모든
죄악에서　속량하시리로다

제 1 3 1 편

다윗의 시 곧 성전에 올라가는 노래

1 여호와여 내 마음이 교만하지 아니하고 내 눈이 오만하지 아니하오며 내가 큰 일과 감당하지 못할 놀라운 일을 하려고 힘쓰지 아니하나이다

2 실로 내가 내 영혼으로 고요하고 평온하게 하기를 젖 뗀 아이가 그의 어머니 품에 있음 같게 하였나니 내 영혼이 젖 뗀 아이와 같도다

3 이스라엘아 지금부터 영원까지 여호와를 바랄지어다

제 1 3 2 편

성전에 올라가는 노래

1 여호와여 다윗을 위하여 그의 모든 겸손을 기억하소서

2 그가 여호와께 맹세하며 야곱의 전능자에게 서원하기를

3 내가 내 장막 집에 들어가지 아니하며 내 침상에 오르지 아니하고

4 내 눈으로 잠들게 하지 아니하며 내 눈꺼풀로 졸게 하지 아니하기를

5 여호와의 처소 곧 야곱의 전능자의 성막을 발견하기까지 하리라 하였나이다

6 우리가 그것이 에브라다에 있다 함을 들었더니 나무 밭에서 찾았도다

7 우리가 그의 계신 곳으로 들어가서 그의 발등상 앞에서 엎

드려 예배하리로다

8 여호와여 일어나사 주의 권능의 궤와 함께 평안한 곳으로 들어가소서

9 주의 제사장들은 의를 옷 입고 주의 성도들은 즐거이 외칠지어다

10 주의 종 다윗을 위하여 주의 기름 부음 받은 자의 얼굴을 외면하지 마옵소서

11 여호와께서 다윗에게 성실히 맹세하셨으니 변하지 아니하실지라 이르시기를 네 몸의 소생을 네 왕위에 둘지라

12 네 자손이 내 언약과 그들에게 교훈하는 내 증거를 지킬진대 그들의 후손도 영원히 네 왕위에 앉으리라 하셨도다

13 여호와께서 시온을 택하시고 자기 거처를 삼고자 하여 이르

시기를

14 이는 내가 영원히 쉴 곳이라 내가 여기 거주할 것은 이를 원하였음이로다

15 내가 이 성의 식료품에 풍족히 복을 주고 떡으로 그 빈민을 만족하게 하리로다

16 내가 그 제사장들에게 구원을 옷 입히리니 그 성도들은 즐거이 외치리로다

17 내가 거기서 다윗에게 뿔이 나게 할 것이라 내가 내 기름 부음 받은 자를 위하여 등을 준비하였도다

18 내가 그의 원수에게는 수치를 옷 입히고 그에게는 왕관이 빛 나게 하리라 하셨도다

제 1 3 3 편

다윗의 시 곧 성전에 올라가는 노래

1 보라 형제가 연합하여 동거함
이 어찌 그리 선하고 아름다운
고.

2 머리에 있는 보배로운 기름이
수염 곧 아론의 수염에 흘러서
그의 옷깃까지 내림 같고

3 헐몬의 이슬이 시온의 산들에
내림 같도다 거기서 여호와께서
복을 명령하셨나니 곧 영생이로
다

제 1 3 4 편

성전에 올라가는 노래

① 보라 밤에 여호와의 성전에
서 있는 여호와의 모든 종들아
여호와를 송축하라

② 성소를 향하여 너희 손을 들
고 여호와를 송축하라

③ 천지를 지으신 여호와께서 시
온에서 네게 복을 주실지어다

제 1 3 5 편

1 할렐루야 여호와의 이름을 찬
송하라 여호와의 종들아 찬송하
라

2 여호와의 집 우리 여호와의
성전 곧 우리 하나님의 성전
뜰에 서 있는 너희여

3 여호와를 찬송하라 여호와는
선하시며 그의 이름이 아름다우
니 그의 이름을 찬양하라

4 여호와께서 자기를 위하여 야
곱 곧 이스라엘을 자기의 특별
한 소유로 택하셨음이로다

5 내가 알거니와 여호와께서는
위대하시며 우리 주는 모든 신
들보다 위대하시도다

6 여호와께서 그가 기뻐하시는
모든 일을 천지와 바다와 모든
깊은 데서 다 행하셨도다

7 안개를 땅 끝에서 일으키시며

비를 위하여 번개를 만드시며

바람을 그 곳간에서 내시는도다

8 그가 애굽의 처음 난 자를

사람부터 짐승까지 치셨도다

9 애굽이여 여호와께서 네게 행

한 표적들과 징조들을 바로와

그의 모든 신하들에게 보내셨도

다

10 그가 많은 나라를 치시고 강

한 왕들을 죽이셨나니

11 곧 아모리인의 왕 시혼과 바

산 왕 옥과 가나안의 모든 국

왕이로다

12 그들의 땅을 기업으로 주시되

자기 백성 이스라엘에게 기업으

로 주셨도다

13 여호와여 주의 이름이 영원하

시니이다 여호와여 주를 기념함

이 대대에 이르리이다

14 여호와께서 자기 백성을 판단하시며 그의 종들로 말미암아 위로를 받으시리로다

15 열국의 우상은 은금이요 사람의 손으로 만든 것이라

16 입이 있어도 말하지 못하며 눈이 있어도 보지 못하며

17 귀가 있어도 듣지 못하며 그들의 입에는 아무 호흡도 없나니

18 그것을 만든 자와 그것을 의지하는 자가 다 그것과 같으리로다

19 이스라엘 족속아 여호와를 송축하라 아론의 족속아 여호와를 송축하라

20 레위 족속아 여호와를 송축하라 여호와를 경외하는 너희들아 여호와를 송축하라

21 예루살렘에 계시는 여호와는

시온에서 찬송을 받으실지어다

할렐루야

제 1 3 6 편

1 여호와께 감사하라 그는 선하
시며 그 인자하심이 영원함이로
다

2 신들 중에 뛰어난 하나님께
감사하라 그 인자하심이 영원함
이로다

3 주들 중에 뛰어난 주께 감사
하라 그 인자하심이 영원함이로
다

4 홀로 큰 기이한 일들을 행하
시는 이에게 감사하라 그 인자
하심이 영원함이로다

5 지혜로 하늘을 지으신 이에게
감사하라 그 인자하심이 영원함
이로다

6 땅을 물 위에 펴신 이에게
감사하라 그 인자하심이 영원함
이로다

7 큰 빛들을 지으신 이에게 감사하라 그 인자하심이 영원함이로다

8 해로 낮을 주관하게 하신 이에게 감사하라 그 인자하심이 영원함이로다

9 달과 별들로 밤을 주관하게 하신 이에게 감사하라 그 인자하심이 영원함이로다

10 애굽의 장자를 치신 이에게 감사하라 그 인자하심이 영원함이로다

11 이스라엘을 그들 중에서 인도하여 내신 이에게 감사하라 그 인자하심이 영원함이로다

12 강한 손과 펴신 팔로 인도하여 내신 이에게 감사하라 그 인자하심이 영원함이로다

13 홍해를 가르신 이에게 감사하라 그 인자하심이 영원함이로다

14 이스라엘을 그 가운데로 통과
하게 하신 이에게 감사하라 그
인자하심이 영원함이로다
15 바로와 그의 군대를 홍해에
엎드러뜨리신 이에게 감사하라
그 인자하심이 영원함이로다
16 그의 백성을 인도하여 광야를
통과하게 하신 이에게 감사하라
그 인자하심이 영원함이로다
17 큰 왕들을 치신 이에게 감사
하라 그 인자하심이 영원함이로
다
18 유명한 왕들을 죽이신 이에게
감사하라 그 인자하심이 영원함
이로다
19 아모리인의 왕 시혼을 죽이신
이에게 감사하라 그 인자하심이
영원함이로다
20 바산 왕 옥을 죽이신 이에게
감사하라 그 인자하심이 영원함

이로다

21 그들의 땅을 기업으로 주신

이에게 감사하라 그 인자하심이

영원함이로다

22 곧 그 종 이스라엘에게 기업

으로 주신 이에게 감사하라 그

인자하심이 영원함이로다

23 우리를 비천한 가운데에서도

기억해 주신 이에게 감사하라

그 인자하심이 영원함이로다

24 우리를 우리의 대적에게서 건

지신 이에게 감사하라 그 인자

하심이 영원함이로다

25 모든 육체에게 먹을 것을 주

신 이에게 감사하라 그 인자하

심이 영원함이로다

26 하늘의 하나님께 감사하라 그

인자하심이 영원함이로다

제 137 편

1 우리가 바벨론의 여러 강변 거기에 앉아서 시온을 기억하며 울었도다

2 그 중의 버드나무에 우리가 우리의 수금을 걸었나니

3 이는 우리를 사로잡은 자가 거기서 우리에게 노래를 청하며 우리를 황폐하게 한 자가 기쁨을 청하고 자기들을 위하여 시온의 노래 중 하나를 노래하라 함이로다

4 우리가 이방 땅에서 어찌 여호와의 노래를 부를까

5 예루살렘아 내가 너를 잊을진대 내 오른손이 그의 재주를 잊을지로다

6 내가 예루살렘을 기억하지 아니하거나 내가 가장 즐거워하는

것보다 더 즐거워하지 아니할진

대 내 혀가 내 입천장에 붙을

지로다

❼ 여호와여 예루살렘이 멸망하던

날을 기억하시고 에돔 자손을

치소서 그들의 말이 헐어 버리

라 헐어 버리라 그 기초까지

헐어 버리라 하였나이다

❽ 멸망할 딸 바벨론아 네가 우

리에게 행한 대로 네게 갚는

자가 복이 있으리로다

❾ 네 어린 것들을 바위에 메어

치는 자는 복이 있으리로다

제 1 3 8 편

다윗의 시

1 내가 진심으로 주께 감사하며 신들 앞에서 주께 찬송하리이다

2 내가 주의 성전을 향하여 예배하며 주의 인자하심과 성실하심으로 말미암아 주의 이름에 감사하오리니 이는 주께서 주의 말씀을 주의 모든 이름보다 높게 하셨음이라

3 내가 간구하는 날에 주께서 응답하시고 내 영혼에 힘을 주어 나를 강하게 하셨나이다

4 여호와여 세상의 모든 왕들이 주께 감사할 것은 그들이 주의 입의 말씀을 들음이오며

5 그들이 여호와의 도를 노래할 것은 여호와의 영광이 크심이니이다

6 여호와께서는 높이 계셔도 낮

은　자를　굽어살피시며　멀리서도
교만한　자를　아심이니이다
❼내가　환난　중에　다닐지라도
주께서　나를　살아나게　하시고
주의　손을　펴사　내　원수들의
분노를　막으시며　주의　오른손이
나를　구원하시리이다
❽여호와께서　나를　위하여　보상
해　주시리이다　여호와여　주의
인자하심이　영원하오니　주의　손
으로　지으신　것을　버리지　마옵
소서

제 1 3 9 편

다윗의 시, 인도자를 따라 부르는 노래

1 여호와여 주께서 나를 살펴 보셨으므로 나를 아시나이다

2 주께서 내가 앉고 일어섬을 아시고 멀리서도 나의 생각을 밝히 아시오며

3 나의 모든 길과 내가 눕는 것을 살펴 보셨으므로 나의 모든 행위를 익히 아시오니

4 여호와여 내 혀의 말을 알지 못하시는 것이 하나도 없으시니이다

5 주께서 나의 앞뒤를 둘러싸시고 내게 안수하셨나이다

6 이 지식이 내게 너무 기이하니 높아서 내가 능히 미치지 못하나이다

7 내가 주의 영을 떠나 어디로 가며 주의 앞에서 어디로 피하

리이까

8 내가 하늘에 올라갈지라도 거기 계시며 스올에 내 자리를 펼지라도 거기 계시니이다

9 내가 새벽 날개를 치며 바다 끝에 가서 거주할지라도

10 거기서도 주의 손이 나를 인도하시며 주의 오른손이 나를 붙드시리이다

11 내가 혹시 말하기를 흑암이 반드시 나를 덮고 나를 두른 빛은 밤이 되리라 할지라도

12 주에게서는 흑암이 숨기지 못하며 밤이 낮과 같이 비추이나니 주에게는 흑암과 빛이 같음이니이다

13 주께서 내 내장을 지으시며 나의 모태에서 나를 만드셨나이다

14 내가 주께 감사하옴은 나를

지으심이 심히 기묘하심이라 주께서 하시는 일이 기이함을 내 영혼이 잘 아나이다

15 내가 은밀한 데서 지음을 받고 땅의 깊은 곳에서 기이하게 지음을 받은 때에 나의 형체가 주의 앞에 숨겨지지 못하였나이다

16 내 형질이 이루어지기 전에 주의 눈이 보셨으며 나를 위하여 정한 날이 하루도 되기 전에 주의 책에 다 기록이 되었나이다

17 하나님이여 주의 생각이 내게 어찌 그리 보배로우신지요 그 수가 어찌 그리 많은지요

18 내가 세려고 할지라도 그 수가 모래보다 많도소이다 내가 깰 때에도 여전히 주와 함께 있나이다

19 하나님이여 주께서 반드시 악인을 죽이시리이다 피 흘리기를 즐기는 자들아 나를 떠날지어다

20 그들이 주를 대하여 악하게 말하며 주의 원수들이 주의 이름으로 헛되이 맹세하나이다

21 여호와여 내가 주를 미워하는 자들을 미워하지 아니하오며 주를 치러 일어나는 자들을 미워하지 아니하나이까

22 내가 그들을 심히 미워하니 그들은 나의 원수들이니이다

23 하나님이여 나를 살피사 내 마음을 아시며 나를 시험하사 내 뜻을 아옵소서

24 내게 무슨 악한 행위가 있나 보시고 나를 영원한 길로 인도하소서

제 1 4 0 편

다윗의 시, 인도자를 따라 부르는 노래

1 여호와여 악인에게서 나를 건지시며 포악한 자에게서 나를 보전하소서

2 그들이 마음속으로 악을 꾀하고 싸우기 위하여 매일 모이오며

3 뱀 같이 그 혀를 날카롭게 하니 그 입술 아래에는 독사의 독이 있나이다 (셀라)

4 여호와여 나를 지키사 악인의 손에 빠지지 않게 하시며 나를 보전하사 포악한 자에게서 벗어나게 하소서 그들은 나의 걸음을 밀쳐려 하나이다

5 교만한 자가 나를 해하려고 올무와 줄을 놓으며 길 곁에 그물을 치며 함정을 두었나이다 (셀라)

⑥ 내가 여호와께 말하기를 주는
나의 하나님이시니 여호와여 나
의 간구하는 소리에 귀를 기울
이소서 하였나이다

⑦ 내 구원의 능력이신 주 여호
와여 전쟁의 날에 주께서 내
머리를 가려 주셨나이다

⑧ 여호와여 악인의 소원을 허락
하지 · 마시며 그의 악한 꾀를
이루지 못하게 하소서 그들이
스스로 높일까 하나이다 (셀라)

⑨ 나를 에워싸는 자들이 그들의
머리를 들 때에 그들의 입술의
재난이 그들을 덮게 하소서

⑩ 뜨거운 숯불이 그들 위에 떨
어지게 하시며 불 가운데와 깊
은 웅덩이에 그들로 하여금 빠
져 다시 일어나지 못하게 하소
서

⑪ 악담하는 자는 세상에서 굳게

서지 못하며 포악한 자는 재앙
이 따라서 패망하게 하리이다
⑫ 내가 알거니와 여호와는 고난
당하는 자를 변호해 주시며 궁
핍한 자에게 정의를 베푸시리이
다
⑬ 진실로 의인들이 주의 이름에
감사하며 정직한 자들이 주의
앞에서 살리이다

제 1 4 1 편

다윗의 시

① 여호와여 내가 주를 불렀사오니 속히 내게 오시옵소서 내가 주께 부르짖을 때에 내 음성에 귀를 기울이소서

② 나의 기도가 주의 앞에 분향함과 같이 되며 나의 손 드는 것이 저녁 제사 같이 되게 하소서

③ 여호와여 내 입에 파수꾼을 세우시고 내 입술의 문을 지키소서

④ 내 마음이 악한 일에 기울어져 악을 행하는 자들과 함께 악을 행하지 말게 하시며 그들의 진수성찬을 먹지 말게 하소서

⑤ 의인이 나를 칠지라도 은혜로 여기며 책망할지라도 머리의 기름 같이 여겨서 내 머리가 이

를　거절하지　아니할지라　그들의
재난　중에도　내가　항상　기도하
리로다

❻　그들의　재판관들이　바위　길에
내려　던져졌도다　내　말이　닮므
로　무리가　들으리로다

❼　사람이　밭　갈아　흙을　부스러
뜨림　같이　우리의　해골이　스올
입구에　흩어졌도다

❽　주　여호와여　내　눈이　주께
향하며　내가　주께　피하오니　내
영혼을　빈궁한　대로　버려　두지
마옵소서

❾　나를　지키사　그들이　나를　잡
으려고　놓은　올무와　악을　행하
는　자들의　함정에서　벗어나게
하옵소서

❿　악인은　자기　그물에　걸리게
하시고　나만은　온전히　면하게
하소서

제 1 4 2 편

다윗이 굴에 있을 때에 지은 마스길 곧 기도

1 내가 소리 내어 여호와께 부르짖으며 소리 내어 여호와께 간구하는도다

2 내가 내 원통함을 그의 앞에 토로하며 내 우환을 그의 앞에 진술하는도다

3 내 영이 내 속에서 상할 때에도 주께서 내 길을 아셨나이다 내가 가는 길에 그들이 나를 잡으려고 올무를 숨겼나이다

4 오른쪽을 살펴 보소서 나를 아는 이도 없고 나의 피난처도 없고 내 영혼을 돌보는 이도 없나이다

5 여호와여 내가 주께 부르짖어 말하기를 주는 나의 피난처시요 살아 있는 사람들의 땅에서 나의 분깃이시라 하였나이다

6 나의 부르짖음을 들으소서 나는 심히 비천하니이다 나를 핍박하는 자들에게서 나를 건지소서 그들은 나보다 강하니이다

7 내 영혼을 옥에서 이끌어 내사 주의 이름을 감사하게 하소서 주께서 나에게 갚아 주시리니 의인들이 나를 두르리이다

제 1 4 3 편

다윗의 시

1 여호와여 내 기도를 들으시며
내 간구에 귀를 기울이시고 주
의 진실과 의로 내게 응답하소
서

2 주의 종에게 심판을 행하지
마소서 주의 눈 앞에는 의로운
인생이 하나도 없나이다

3 원수가 내 영혼을 핍박하며
내 생명을 땅에 엎어서 나로
죽은 지 오랜 자 같이 나를
암흑 속에 두었나이다

4 그러므로 내 심령이 속에서
상하며 내 마음이 내 속에서
참담하니이다

5 내가 옛날을 기억하고 주의
모든 행하신 것을 읊조리며 주
의 손이 행하는 일을 생각하고

6 주를 향하여 손을 펴고 내

영혼이 마른 땅 같이 주를 사모하나이다 (셀라)

7 여호와여 속히 내게 응답하소서 내 영이 피곤하니이다 주의 얼굴을 내게서 숨기지 마소서 내가 무덤에 내려가는 자 같을까 두려워하나이다

8 아침에 나로 하여금 주의 인자한 말씀을 듣게 하소서 내가 주를 의뢰함이니이다 내가 다닐 길을 알게 하소서 내가 내 영혼을 주께 드림이니이다

9 여호와여 나를 내 원수들에게서 건지소서 내가 주께 피하여 숨었나이다

10 주는 나의 하나님이시니 나를 가르쳐 주의 뜻을 행하게 하소서 주의 영은 선하시니 나를 공평한 땅에 인도하소서

11 여호와여 주의 이름을 위하여

나를 살리시고 주의 의로 내
영혼을 환난에서 끌어내소서
⑫ 주의 인자하심으로 나의 원수
들을 끊으시고 내 영혼을 괴롭
게 하는 자를 다 멸하소서 나
는 주의 종이니이다

제 1 4 4 편

다윗의 시

1 나의 반석이신 여호와를 찬송하리로다 그가 내 손을 가르쳐 싸우게 하시며 손가락을 가르쳐 전쟁하게 하시는도다

2 여호와는 나의 사랑이시요 나의 요새이시요 나의 산성이시요 나를 건지시는 이시요 나의 방패이시니 내가 그에게 피하였고 그가 내 백성을 내게 복종하게 하셨나이다

3 여호와여 사람이 무엇이기에 주께서 그를 알아 주시며 인생이 무엇이가에 그를 생각하시나이까

4 사람은 헛것 같고 그의 날은 지나가는 그림자 같으니이다

5 여호와여 주의 하늘을 드리우고 강림하시며 산들에 접촉하사

연기를 내게 하소서

6 번개를 번쩍이사 원수들을 흩으시며 주의 화살을 쏘아 그들을 무찌르소서

7 위에서부터 주의 손을 펴사 나를 큰 물과 이방인의 손에서 구하여 건지소서

8 그들의 입은 거짓을 말하며 그의 오른손은 거짓의 오른손이니이다

9 하나님이여 내가 주께 새 노래로 노래하며 열 줄 비파로 주를 찬양하리이다

10 주는 왕들에게 구원을 베푸시는 자시오 그의 종 다윗을 그 해하려는 칼에서 구하시는 자시니이다

11 이방인의 손에서 나를 구하여 건지소서 그들의 입은 거짓을 말하며 그 오른손은 거짓의 오

론손이니이다

⑫ 우리 아들들은 어리다가 장성
한 나무들과 같으며 우리 딸들
은 궁전의 양식대로 아름답게
다듬은 모퉁잇돌들과 같으며

⑬ 우리의 곳간에는 백곡이 가득
하며 우리의 양은 들에서 천천
과 만만으로 번성하며

⑭ 우리 수소는 무겁게 실었으며
또 우리를 침노하는 일이나 우
리가 나아가 막는 일이 없으며
우리 거리에는 슬피 부르짖음이
없을진대

⑮ 이러한 백성은 복이 있나니
여호와를 자기 하나님으로 삼는
백성은 복이 있도다

제 1 4 5 편

다윗의 찬송시

1 왕이신 나의 하나님이여 내가 주를 높이고 영원히 주의 이름을 송축하리이다

2 내가 날마다 주를 송축하며 영원히 주의 이름을 송축하리이다

3 여호와는 위대하시니 크게 찬양할 것이라 그의 위대하심을 측량하지 못하리로다

4 대대로 주께서 행하시는 일을 크게 찬양하며 주의 능한 일을 선포하리로다

5 주의 존귀하고 영광스러운 위엄과 주의 기이한 일들을 나는 작은 소리로 읊조리리이다

6 사람들은 주의 두려운 일의 권능을 말할 것이요 나도 주의 위대하심을 선포하리이다

7 그들이 주의 크신 은혜를 기
념하여 말하며 주의 의를 노래
하리이다

8 여호와는 은혜로우시며 긍휼이
많으시며 노하기를 더디 하시며
인자하심이 크시도다

9 여호와께서는 모든 것을 선대
하시며 그 지으신 모든 것에
긍휼을 베푸시는도다

10 여호와여 주께서 지으신 모든
것들이 주께 감사하며 주의 성
도들이 주를 송축하리이다

11 그들이 주의 나라의 영광을
말하며 주의 업적을 일러서

12 주의 업적과 주의 나라의 위
엄 있는 영광을 인생들에게 알
게 하리이다

13 주의 나라는 영원한 나라이니
주의 통치는 대대에 이르리이다

14 여호와께서는 모든 넘어지는

제오권   147

자들을 붙드시며 비굴한 자들을
일으키시는도다

15 모든 사람의 눈이 주를 앙망
하오니 주는 때를 따라 그들에
게 먹을 것을 주시며

16 손을 펴사 모든 생물의 소원
을 만족하게 하시나이다

17 여호와께서는 그 모든 행위에
의로우시며 그 모든 일에 은혜
로우시도다

18 여호와께서는 자기에게 간구하
는 모든 자 곧 진실하게 간구
하는 모든 자에게 가까이 하시
는도다

19 그는 자기를 경외하는 자들의
소원을 이루시며 또 그들의 부
르짖음을 들으사 구원하시리로다

20 여호와께서 자기를 사랑하는
자들은 다 보호하시고 악인들은
다 멸하시리로다

21 내 입이 여호와의 영예를 말하며 모든 육체가 그의 거룩하신 이름을 영원히 송축할지로다

제 146 편

1 할렐루야 내 영혼아 여호와를 찬양하라

2 나의 생전에 여호와를 찬양하며 나의 평생에 내 하나님을 찬송하리로다

3 귀인들을 의지하지 말며 도울 힘이 없는 인생도 의지하지 말지니

4 그의 호흡이 끊어지면 흙으로 돌아가서 그 날에 그의 생각이 소멸하리로다

5 야곱의 하나님을 자기의 도움으로 삼으며 여호와 자기 하나님에게 자기의 소망을 두는 자는 복이 있도다

6 여호와는 천지와 바다와 그 중의 만물을 지으시며 영원히 진실함을 지키시며

7 억눌린 사람들을 위해 정의로 심판하시며 주린 자들에게 먹을 것을 주시는 이시로다 여호와께 서는 갇힌 자들에게 자유를 주시는도다

8 여호와께서 맹인들의 눈을 여시며 여호와께서 비굴한 자들을 일으키시며 여호와께서 의인들을 사랑하시며

9 여호와께서 나그네들을 보호하시며 고아와 과부를 붙드시고 악인들의 길은 굽게 하시는도다

10 시온아 여호와는 영원히 다스리시고 네 하나님은 대대로 통치하시리로다 할렐루야

제 147 편

1 할렐루야 우리 하나님을 찬양
하는 일이 선함이여 찬송하는
일이 아름답고 마땅하도다

2 여호와께서 예루살렘을 세우시
며 이스라엘의 흩어진 자들을
모으시며

3 상심한 자들을 고치시며 그들
의 상처를 싸매시는도다

4 그가 별들의 수효를 세시고
그것들을 다 이름대로 부르시는
도다

5 우리 주는 위대하시며 능력이
많으시며 그의 지혜가 무궁하시
도다

6 여호와께서 겸손한 자들은 붙
드시고 악인들은 땅에 엎드러뜨
리시는도다

7 감사함으로 여호와께 노래하며

수금으로 하나님께 찬양할지어다

8 그가 구름으로 하늘을 덮으시며 땅을 위하여 비를 준비하시며 산에 풀이 자라게 하시며

9 들짐승과 우는 까마귀 새끼에게 먹을 것을 주시는도다

10 여호와는 말의 힘이 세다 하여 기뻐하지 아니하시며 사람의 다리가 억세다 하여 기뻐하지 아니하시고

11 여호와는 자기를 경외하는 자들과 그의 인자하심을 바라는 자들을 기뻐하시는도다

12 예루살렘아 여호와를 찬송할지어다 시온아 네 하나님을 찬양할지어다

13 그가 네 문빗장을 견고히 하시고 네 가운데에 있는 너의 자녀들에게 복을 주셨으며

14 네 경내를 평안하게 하시고

아름다운 밀로 너를 배불리시며

15 그의 명령을 땅에 보내시니

그의 말씀이 속히 달리는도다

16 눈을 양털 같이 내리시며 서

리를 재 같이 흩으시며

17 우박을 떡 부스러기 같이 뿌

리시나니 누가 능히 그의 추위

를 감당하리오

18 그의 말씀을 보내사 그것들을

녹이시고 바람을 불게 하신즉

물이 흐르는도다

19 그가 그의 말씀을 야곱에게

보이시며 그의 율례와 규례를

이스라엘에게 보이시는도다

20 그는 어느 민족에게도 이와

같이 행하지 아니하셨나니 그들

은 그의 법도를 알지 못하였도

다 할렐루야

제 148 편

① 할렐루야 하늘에서 여호와를
찬양하며 높은 데서 그를 찬양
할지어다

② 그의 모든 천사여 찬양하며
모든 군대여 그를 찬양할지어다

③ 해와 달아 그를 찬양하며 밝
은 별들아 다 그를 찬양할지어
다

④ 하늘의 하늘도 그를 찬양하며
하늘 위에 있는 물들도 그를
찬양할지어다

⑤ 그것들이 여호와의 이름을 찬
양함은 그가 명령하시므로 지음
을 받았음이로다

⑥ 그가 또 그것들을 영원히 세
우시고 폐하지 못할 명령을 정
하셨도다

⑦ 너희 용들과 바다여 땅에서

여호와를 찬양하라

8 불과 우박과 눈과 안개와 그의 말씀을 따르는 광풍이며

9 산들과 모든 작은 산과 과수와 모든 백향목이며

10 짐승과 모든 가축과 기는 것과 나는 새며

11 세상의 왕들과 모든 백성들과 고관들과 땅의 모든 재판관들이며

12 총각과 처녀와 노인과 아이들아

13 여호와의 이름을 찬양할지어다 그의 이름이 홀로 높으시며 그의 영광이 땅과 하늘 위에 뛰어나심이로다

14 그가 그의 백성의 뿔을 높이셨으니 그는 모든 성도 곧 그를 가까이 하는 백성 이스라엘 자손의 찬양 받을 이시로다 할

렐루야

1 할렐루야 새 노래로 여호와께
노래하며 성도의 모임 가운데에
서 찬양할지어다

2 이스라엘은 자기를 지으신 이
로 말미암아 즐거워하며 시온의
주민은 그들의 왕으로 말미암아
즐거워할지어다

3 춤 추며 그의 이름을 찬양하
며 소고와 수금으로 그를 찬양
할지어다

4 여호와께서는 자기 백성을 기
뻐하시며 겸손한 자를 구원으로
아름답게 하심이로다

5 성도들은 영광 중에 즐거워하
며 그들의 침상에서 기쁨으로
노래할지어다

6 그들의 입에는 하나님에 대한
찬양이 있고 그들의 손에는 두

날　가진　칼이　있도다

❼이것으로　뭇　나라에　보수하며
민족들을　벌하며

❽그들의　왕들은　사슬로,　그들
의　귀인은　철고랑으로　결박하고

❾기록한　판결대로　그들에게　시
행할지로다　이런　영광은　그의
모든　싱도에게　있도다　할렐루야

제 1 5 0 편

1 할렐루야 그의 성소에서 하나님을 찬양하며 그의 권능의 궁창에서 그를 찬양할지어다

2 그의 능하신 행동을 찬양하며 그의 지극히 위대하심을 따라 찬양할지어다

3 나팔 소리로 찬양하며 비파와 수금으로 찬양할지어다

4 소고 치며 춤 추어 찬양하며 현악과 퉁소로 찬양할지어다

5 큰 소리 나는 제금으로 찬양하며 높은 소리 나는 제금으로 찬양할지어다

6 호흡이 있는 자마다 여호와를 찬양할지어다 할렐루야

국제제자훈련원은 건강한 교회를 꿈꾸는 목회의 동반자로서 제자 삼는 사역을 중심으로
성경적 목회 모델을 제시함으로 세계 교회를 섬기는 전문 사역 기관입니다.

시니어, 시편을 기억하다 3

초판 1쇄 인쇄 2021년 5월 18일
초판 1쇄 발행 2021년 6월 1일

구 성 편집부
디자인 임지선

펴낸이 오정현
펴낸곳 국제제자훈련원
등록번호 제2013-000170호(2013년 9월 25일)
주소 서울시 서초구 효령로68길 98(서초동)
전화 02)3489-4300 **팩스** 02)3489-4329
이메일 dmipress@sarang.org

ISBN 978-89-5731-832-4 04230
ISBN 978-89-5731-829-4 04230 (세트)

※ 책값은 뒤표지에 있습니다. 잘못된 책은 구입하신 곳에서 교환해드립니다.